Norbert Golluch

Laotses Reisen

Norbert Golluch

Laotses Reisen

Rediroma-Verlag

Bibliografische Information der Deutschen Nationalbibliothek:
Die Deutsche Nationalbibliothek verzeichnet diese Publikation in der Deutschen Nationalbibliografie; detaillierte bibliografische Daten sind im Internet über http://portal.dnb.de abrufbar.

ISBN 978-3-98885-461-2

www.rediroma-verlag.de
7,95 Euro (D)

Inhalt

Laotse isst eine Entensuppe

Eines Morgens verspürte Laotse den Wunsch nach einer Entensuppe, aber es fand sich keine Ente, die bereit war, für die Suppe zu sterben. Da beschloss Laotse, die Zutaten im Rezept zu ändern. Überall dort, wo er Teile der Ente verwenden sollte, tauschte er sie gegen Teile einer nicht existenten Ente aus. Er gab Wasser in den Wok, Salz und Kräuter, Gewürze und Gemüse, die Flügel und die Schenkel einer nicht existenten Ente, Nudeln und reichlich Entenschmalz einer nicht existenten Ente. Als er alles gekocht hatte, aß er mit Hochgenuss, und er gab auch jeder der Enten ein Schälchen davon.

愛

Liebe

Die Weltordnung

Als Laotse eines Morgens erwachte, weigerten sich die Teile seiner Welt ihre Aufgaben zu übernehmen. Weder leuchtete die Sonne über den Bergen noch weckte ihn ein sanfter Morgenwind. Weder hörte er das Wasser des Baches rauschen noch glimmte die Glut des Feuers vom vergangenen Tage. Und weil er wusste, dass ihn sein Stuhl nicht tragen würde und seine Schale sich weigern würde, seinen Tee für ihn aufzubewahren, bis er ihn trinken konnte, drehte sich Laotse auf seinem Lager um und schlief wieder ein. In seinen Träumen ordnete sich die Welt, und als er Stunden später ein zweites Mal erwachte, stand die Sonne hoch am Himmel und der Tag duftete wie frisch gemähtes Gras.

和

Harmonie

Die Reisen des Laotse

Gefragt, warum er immer nur an diesem einen Ort sei und sein Haus nie für eine Vergnügungsreise verlasse, antwortete Laotse: „Wozu soll ich die Strapazen einer solchen Reise auf mich nehmen? Ich sitze hier auf meinem Stein, fülle meine Gedanken mit seltsamen Landschaften, stelle mir nie gehörte Töne vor und lasse an jedem Abend einen neuen Mond aufgehen. Wozu also soll ich meine Enten zurücklassen, mein Haus leer und meinen Garten ohne Wasser an heißen Tagen?"

智

Weisheit

Laotse und der Garten

Ein Gast bewunderte den Garten des Laotse, die wilden Stauden und Sträucher, die Blütengebirge und saftigen Fruchtstände, die bis in den Himmel rankenden Schlingpflanzen. Schließlich fragte er, ob er ihm verraten könne, welches geheime Wissen oder welche bedeutende Gartenkunst sich dahinter verberge. Er, der Gast, würde jede Summe der Welt zahlen, um selbst in den Besitz eines solchen Gartens zu kommen. Da antwortete Laotse: „Es gibt kein Geheimnis außer diesem: Alles wächst zuerst vor meinem geistigen Auge, und erst danach säe und pflanze ich. Aber alles in meinem Garten wüchse nicht so prachtvoll, düngten ihn nicht jeden Tag meine Enten."

幸

glücklich

Laotse und die Schnecken

Als eines Tages die Schnecken alle Salatpflanzen in Laotses Garten gefressen hatten und sich nun anschickten, die anderen Pflanzen zu verzehren, fragte ein Nachbar Laotse, warum er nicht seine Enten aus dem Stall in den Garten ließe, die den Schnecken sicher den Garaus machen würden. „Ich tue das nicht“, erklärte der Meister, „denn ich liebe diese seltsamen Wesen und das Glitzern ihrer Spuren in der Morgensonne mehr als den Salat.“

和平

Frieden

Laotse sieht

Als Laotse an einem sonnigen Sommerabend mit geschlossenen Augen an einer paradiesischen Stelle am Hang über dem Fluss saß, fand ihn dort ein Vorübergehender in diesem Zustand vor und wunderte sich sehr. „Die Leute sagen von dir, dass du weise sein sollst. Aber warum betrachtest du dann nicht dieses wunderbare Stück Welt, das aussieht, als sei es in jenem Moment unter der göttlichen Sonne eigens für dich erschaffen worden? Ist das nicht sehr undankbar?" Laotse lächelte. „Wenn ich die Augen öffne, sehe ich einen Ausschnitt der Welt, und der hat, zugegeben, seine Schönheiten. Wenn ich aber die Augen schließe, sehe ich alles."

動力

Kraft

Laotses wertvolle Weisheiten

Gefragt, warum er seine Weisheiten nicht täglich niederschriebe, antwortete Laotse: „Auch meine klugen Enten schnattern unentwegt. Doch es gibt keinen Tag, an dem ich nicht Dinge hinter mir lasse, die ich am nächsten Tag lieber vergessen würde. Darin unterscheidet sich der Wissende vom Tölpel, der, in Wahrheit naiv und ahnungslos, alles was er sagt für wertvoll und bewahrenswert hält. Dabei ist die Weisheit unter den Gedanken ebenso die Ausnahme wie der Diamant unter den Kieselsteinen."

水

Wasser

Laotse und die Ruhe

Gefragt, ob Erkenntnis und Erleuchtung in der Ruhe zu finden seien, antwortete Laotse: „Das ist richtig, doch sollte man bedenken, dass die in der Ruhe gewonnen Einsichten und Offenbarungen nicht immer die angenehmsten sind. Wenn sich meine Enten an einem klirrend kalten Wintertag, statt schnatternd über den gefrorenen Teich zu laufen, für die Ruhe entschieden, kämen sie zu der Erkenntnis, dass ihre Füße am Eis festfrieren, wenn sie stehenblieben.“

地球

Erde

Laotse und der Stern

Als Laotse eines Abends am Nachthimmel zwischen all den bekannten Sternen einen neuen und besonders hellen entdeckte, fragte ihn ein Freund, welchen Namen dieser tragen sollte. Er antwortete: „Man braucht einen Namen, um jemanden herbeizurufen. Meine Enten haben keine Namen, weil sie nicht darauf hören würden. Und obwohl alle Sterne bereits Namen tragen, welche ihnen von Menschen angeheftet wurden, habe ich mir nie gewünscht, einen herbeizurufen. Falls doch – wäre er gekommen? Wozu also sollte ich dem neuen Stern einen Namen geben?“

富

Reichtum

Laotse und das Morgen

„Ich arbeite hart“, sagte eines Tages ein Händler zu Laotse, den er wohl für einen Hellseher hielt. „Meine Warenlager sind bestens bestückt, ich kaufe und verkaufe, und meine Truhen sind voller Geld. Aber ich bin dennoch unzufrieden. Werde ich morgen glücklich sein?“ - „Ich weiß es nicht“, antwortete Laotse. „Man kann nicht planen, morgen glücklich zu sein. Glücklich ist man immer heute. Der Vogel auf dem Baum dort singt jetzt und ist dabei glücklich. Er könnte Samenkörner für morgen und für übermorgen sammeln und sich ein wunderschönes Nest bauen, um das ihn alle anderen Vögel beneiden würden, aber er tut es nicht und er plant auch nicht, erst morgen zu singen.“

喜

Glück

Laotse und die Stille

„Man versteht sein eigenes Wort nicht bei diesem Geschnattere!“ klagten Laotses Nachbarn, als der Weise, gefolgt von seiner Entenschar, an ihren Häusern vorüberschritt. „Wie erträgst du das nur?“ So auf seine seltsame Vorliebe für Enten angesprochen, erklärte Laotse: „Kein Tier schnattert so laut und hemmungslos wie meine klugen Enten, und wenn die Sonne sinkt und sie in ihrem Stall die Köpfe unter die Flügel stecken und, abgesehen von den Geräuschen in ihren Träumen, die Schnäbel halten, genieße ich Stille von einer Größe, die es ohne ihren Lärm niemals geben könnte.“

福

gesegnet

Laotse und die Freuden der Versenkung

Im Frühsommer saß Laotse eines Nachmittags im warmen Regen auf der Steinbank in seinem Garten, ließ sich die Tropfen auf den kahlen Kopf fallen und betrachtete dabei die Blüte einer Zwiebel, die vor ihm aus dem Beet gesprossen war. Dabei verloren sich seine Gedanken, die Kugelblüte wurde unter seinen Augen immer mehr zu einer ganzen Welt, und er bemerkte nicht, dass seine Enten Reis und Gemüse aus der Schale fraßen, die er in der Absicht, später zu essen, neben sich abgestellt hatte. Erst als seine Essstäbchen auf den Boden fielen, weckte ihn dieses Geräusch aus seiner Versenkung und er blickte umher. Als er die leere Schale und die schnatternd davonlaufenden Enten bemerkte, lächelte er.

德

Tugend

Laotse und das Federbett

In einem Jahr, als die Wintermonate besonders hart waren und die Kälte scharf wie ein Schwert in die Hütte des Laotse drang, bot ihm jemand ein warmes Daunenbett für sein Lager, damit er gesund bliebe und angenehmer ruhen könnte. Laotse aber schüttelte den Kopf und sagte: „Wie sollte ich meinen Enten erklären, dass ich nur sie schone, aber mich wegen eines leichten Fröstelns mit den Federn ihrer Brüder und Schwestern bedecke, die dafür ihr Leben lassen müssen? Wenn es mir zu kalt auf meinem Lager wird, kann ich hinausgehen und mich zu meinen guten Enten in den Stall legen, wo sie mich sicher gern wärmen werden."

豐

Überfluss

Laotse erbt ein Vermögen

Als ein Bote eines Tages Laotse eine Truhe voller Geld brachte, das Erbe eines entfernten Verwandten, nahm er einen kleinen Teil davon für sich und verschenkte den Rest an die Armen seines Dorfes. „Ich wusste, dass du im Kopf nicht ganz richtig bist“, sagte der Händler. „Wie kannst du solche Reichtümer so verschleudern? Gib dein erbärmliches Leben in deiner Hütte mit deinen Enten auf und bau dir einen Palast! Auch all deine übrigen Wünsche könntest du dir erfüllen!“ – „Von dem Anteil, den ich aufhebe, baue ich ja einen Palast, aber einen für meine Enten“, erklärte Laotse. „Und meine übrigen Wünsche möchte ich nicht erfüllen, sondern behalten, denn sie sind mein wirklicher Reichtum. Was sollte ich denn ohne meine Enten und ohne meine Wünsche tun?“

Geld

Laotse und der Müßiggang

An einem Sommertag voller Leben saß Laotse vor seiner Hütte und betrachtete die Welt. Kinder spielten um ihn herum, ihre Eltern ergingen sich oder unterhielten sich im Gespräch. Der Lehrer, welcher es liebte, mit Laotse zu streiten, trat an ihn heran und fragte lächelnd: „Warum drückst du dich vor deiner Arbeit, alter Mann? Nur weil es ein schöner Tag ist, musst du nicht Müßiggang treiben. Wie willst du die Erkenntnis fördern, wenn du hier in der Sonne sitzt? Geh in deine Hütte und schreibe Weisheiten nieder! “

„In meinem Teich im Garten wohnt ein sehr alter Karpfen, der seine Nahrung im Grund des Teiches findet. Er sucht unermüdlich danach, aber wenn die Schar meiner Enten im Teich schwimmt und dabei Sand und Schlamm aufwirbelt, ist er klug genug, sein Tageswerk einzustellen und in betrachtender Ruhe zu warten, bis sich Sand und Schlamm wieder abgesetzt haben und das Wasser wieder klar ist. Und ich weiß, es sind eher die Regentage, die meinen Enten fette Würmer und mir Erkenntnis bringen."

動力

Kraft

Laotse und das Wissen

Als Laotse eines Tages in seinem Garten saß, redete er mit einem kleinen Kind, das zu seinen Füßen saß und mit den jungen Enten spielte, welche gerade aus dem Ei geschlüpft waren. Der Lehrer beobachtete ihn dabei, wie aufmerksam Laotse dem Kinde lauschte und wie erstaunt er über dessen Worte war. „Du alter Narr!“ lachte der Lehrer. „Was erhoffst du dir von dieser sinnlosen Unterhaltung mit Kindern und Enten? Dieses Kind weiß noch nichts, und erst, wenn ich es unterrichtet habe, wird es den Weg zur Weisheit finden. Und deine Enten sind vermutlich die dümmsten Wesen unter der Sonne.“ – „Du wirst dieses Kind mit deinem nutzlosen Wissen füllen“, schmunzelte Laotse, „den Weg zur Weisheit muss es selbst finden. Wer weiß? Vielleicht wird es sich eines Tages an unser Gespräch im Garten erinnern und dann begreifen, wie nahe die Weisheit schon war, als es diese einfachen Worte sprach. Und was meine Enten angeht: Sie brauchen unsere Weisheit ihr Leben lang nicht! Denn sie sind bereits weise, so wie es ihre Natur gebietet.“

Überfluss

Laotse und die Wirklichkeit

„Ach, gäbe es nur eine andere Welt“, klagte eines Tages ein reisender Händler, der an Laotses Haus rastete. „Diese hier hat nur Mühe und Lasten für mich. Ich schleppe und trage und hebe und wandere über holprige Wege, und was bekomme ich für meine Arbeit? Nur soviel, dass ich gerade davon leben kann.“ – „Du wünschst dir eine andere Welt? Mit jedem Reiskorn, das keimt, beginnt eine neue Welt, und jeder deiner Gedanken kann der erste Schritt zu neuen Ufern sein. Worüber klagst du also?“

自由

Freiheit

Auf dem Weg zur Erleuchtung

Eines Morgens trat ein junger Mann zu Laotse, der in seinem Garten arbeitete und schwitzte, und fragte ihn: „Sag mir, weiser Mann, wo und wann beginnt mein Weg der Erleuchtung? Ich bin kein Kind mehr und des Spielens überdrüssig!" - „Hier und jetzt!" sagte Laotse lächelnd und reichte ihm seinen Spaten. „Der erste Tag deines Weges führt durch meinen Garten und wird hart und anstrengend, wie viele darauf folgende auch. Er dauert bis zum Sonnenuntergang und der Preis, den du erhalten wirst, ist sehr gering. Erst wenn du klug genug bist, mich im Herbst ein zweites Mal zu besuchen, kann ich dir Kürbisse, Bohnen und Gurken geben. Für heute verspreche ich dir zum Lohn eine Schale von meinem Tee."

德

Tugend

Laotse und die Freude

Eine Menschenmenge machte sich eines Tages über den Narren des Dorfes lustig, der laut lachend und offensichtlich voller Freude immer wieder von einem großen Stein hinab in den Fluss sprang. „Seht nur den Irren! Auf welch dümmliche Weise er sich vergnügt!" Laotse schüttelte den Kopf und meinte: „Wie ein Vogel, der selbstvergessen immer dieselbe Strophe singt, wiederholt er sein Entzücken immer aufs Neue. Während wir uns langweilen, ist die ganze Welt für ihn in jedem Augenblick nichts als Freude. ihr solltet nicht über ihn lachen, sondern ihn beneiden."

動力

Kraft

Laotse und das Alter

Als eines Tages der weise Yin Xi vor seinem Haus saß und Reis mit Gemüse aus einer Schale aß, zitterten dem alten Mann die Hände und ein wenig von der Speise fiel auf sein Gewand. Eine Gruppe junger Männer machte sich darüber lustig und schmähte den Alten wegen seiner Ungeschicklichkeit. „Nicht einmal mehr die Stäbchen kannst du halten, alter Nichtsnutz!“ rief der eine und ein anderer spottete: „Warum isst du nicht gleich vom Boden, der Staub der Straße, das ist es, was du verdienst!“ Laotse, der des Weges kam, trat zu dem Alten, führte seine Hand und entgegnete den Spöttern: „Er hat nur ein wenig Reis auf dem Umhang. Aber ihr solltet bedenken: Es wird euch vorkommen wie ein Atemzug – dann werden auch eure Hände zittern.“

壽

ein langes Leben

Laotse und das Teilen

Als eines Tages eine Katze in Laotses Haus lief, als wohne sie dort, legte sie sich genau auf dem Kissen zum Schlafen, auf dem der Meister an kühlen Abenden neben dem Feuer zu ruhen pflegte. „Soll ich sie fortjagen, Meister", fragte einer seiner Schüler, „damit ihr euren angestammten Platz nutzen könnt wie immer?" – „Wie kommst du darauf?" fragte Laotse fast erbost. „Hast du meine Lehren nicht verstanden? Sie ist ein Lebewesen wie du und ich, und ich teile die Dinge, die ich nutze, gern mit ihr." – „Für sie wäre aber auch der Platz hinter dem Ofen dort gut genug. Was bekommt ihr an Lohn von der Katze, dass ihr sie so fürstlich behandelt?" – „Was ist das für eine Art zu teilen, wenn ich das Beste für mich behielte und nur fortgäbe, was wertlos ist oder mir nichts bedeutet? Und hörst du nicht, dass sie sich durch ihr Schnurren für unsere Freundlichkeit bedankt?“

Reichtum

Laotse und die Anstrengung

Ein Schüler des Laotse liebte die Meditation, war aber mit dem Mantra nicht zufrieden, das der Meister ihm vorschlug. „Ich finde damit nicht in den Zustand der Versenkung“, beklagte er sich. – „Dann wirst du dir dein eigenes, dir angemessenes Mantra suchen müssen“, sagte darauf Laotse. „Aber das wird nicht einfach sein. Du musst still in dich hineinlauschen, bist du es findest. Das kann Stunden oder sogar einen ganzen Tag oder noch länger dauern.“ – „Und wenn ich mich anstrenge und alles versuche?“ fragte der Schüler. Laotse entgegnete: „Dann dauert es vielleicht sogar Wochen!“

希

Hoffnung

Laotse und das Lernen

Als es eines Tages völlig unerwartet den Lehrer des Dorfes nicht nach Streit mit dem Weisen, sondern nach nach Einsicht und Erleuchtung dürstete, bat er Laotse, ihn zu unterrichten. „Das kann ich nicht“, sagte Laotse bescheiden. „Ich weiß, dass du sogar den Ziegenhirten zur Erkenntnis geführt hast!“ antwortete der Lehrer erbost. „Weshalb weigerst du dich, mein Meister zu sein? Wer könnte ein besserer Schüler sein, als ich es sein werde? Das verstehe ich nicht.“ Laotse lächelte. „Es verhält sich ganz einfach. Wie soll ich Wasser in ein volles Gefäß füllen?“

水

Wasser

Der Wettstreit der Weisheit

Als die Schüler des Laotse eines Abends wortreich darüber stritten, welcher von ihnen bereits den höchsten Grad an Erleuchtung erreicht habe, fühlten sie sich durch das Geschnatter der Enten gestört, die um diese Tageszeit von ihrem Teich zurückkehrten und sich lautstark bemerkbar machten, um an ihr abendliches Futter zu kommen. „Man kann keinen klaren Gedanken fassen bei diesem Lärm", beklagte sich der älteste Schüler. „Du hast recht", stimmten ihm die anderen zu, „jemand sollte die Enten vertreiben, denn hier geht es um höhere Dinge!" Laotse saß auf seiner Bank und sah ihnen wortlos zu, während die Enten weiter schnatterten. Schließlich erbarmte sich der jüngste Schüler, der dem Meister erst ein paar Tage lauschte und gab den

Tieren ihren Weizen. Die Tiere stritten ein wenig darum, aber als jedes seinen Platz gefunden hatte, fraßen sie still. „Endlich können wir nun in unserem Disput fortfahren“, sagte der älteste Schüler. „Wer von uns hat seine Studien am weitesten fortgeführt?“ – „Unnötig, weiter darüber zu reden“, sagte Laotse und deutete auf den jüngsten Schüler. „Dieser hier hat euch allen heute den Weg der Demut gezeigt.“

智

Weisheit

Laotse und die Wiedergeburt

Ein berühmter reisender Lehrer, der seinen Ruhm nicht ganz zu Recht trug, weil er in seinem Inneren eitel war, hatte von Laotse und seiner Weisheit gehört und wollte diese auf die Probe stellen. Deshalb brachte er das Gespräch auf die Wiedergeburt. „Ihr habt ein hohes Maß der Erkenntnis erreicht, edler Meister Laotse“, schmeichelte ihm der Reisende. „In welches Wesen wird eure Seele nach eurem Tode einkehren? Ihr als einer der größten Lehrmeister solltet das vorhersagen können.“ – „Wie soll ich an dieses Wissen gelangen?“ entgegnete Laotse, der gerade Früchte aus seinem Garten verzehrte. „Noch bin ich kein toter Lehrer. Soviel aber kann ich euch sagen: Ich hätte nichts dagegen, ein Wurm in diesem köstlichen Apfel zu sein.“

太陽

Sonne

In die Versenkung finden

Laotse, der jeden Tag viel Zeit in Versenkung verbrachte, wurde gefragt, wie man Meditation auf einfache Weise erklären kann. Laotse antwortete: „Nimm dir die Zeit, einen Gedanken ganz zu Ende zu denken und warte dann ... solange du kannst ... bevor du mit einem neuen Gedanken beginnst. Je länger du warten kannst, desto länger dauert der Zustand der Meditation und umso tiefer wird der Grad deiner Einsichten sein."

和

Harmonie

Laotse und der Mond

Als der Mond eines Abends über dem Platz leuchtete, auf dem Laotse zu sitzen pflegte, dünkte ihn das Licht des Gestirns heller als sonst, und er fragte sich, welche Ursache das haben mochte. Einen Augenblick lang erwog er, ob er womöglich bereits den Zustand der Erleuchtung erreicht haben könnte, verwarf den Gedanken aber als allzu überheblich. Er grübelte lange, konnte jedoch keinen Grund für das helle Licht des Mondes finden und blickte schließlich ratlos umher, bis sein suchender Blick ein Entenküken auf dem Kies unter einem Ahorngebüsch entdeckte, dass sich dort mit aufgeplustertem Gefieder gegen die Kühle der Nacht wehrte. Laotse lächelte und sagte: „Ich danke dir, Mond!“ Dann trug er das verirrte Küken vorsichtig zu seiner

Mutter ins Entenhaus zurück, während die Scheibe des Mondes in einer sanften Wolke Ruhe fand.

Hoffnung

Laotse und die Dummheit

Eines Tages wollte der Lehrer Laotse einen Besuch abstatten, um ein wenig mit ihm zu streiten, als er den Weisen bei einer seltsamen Tätigkeit fand. Dieser stand vor der Schar seiner Enten, trug ein arg beschmutztes Pergament in Händen und hielt dem Geflügel eine Ansprache: „Ihr seid liebenswerte Geschöpfe, aber ich wäre euch dankbar, wenn ihr künftig eure Hinterlassenschaften von meinen Schriften fernhalten könntet.“ Die Enten schnatterten aufgeregt dazu. „Dass ich das erleben darf!“ spottete der Lehrer. „Der Weise im vergeblichen Kampf mit der seelenlosen Dummheit! Glaubst du, sie verstünden auch nur eine Silbe von dem, was du sagst?“ – „Das verhält sich ganz ähnlich wie bei deinen Schülern, denke ich“, entgegnete Laotse. „Aber wenn du meine Beweggründe hören möchtest: Ich fühle mich besser, wenn ich es versucht habe und hoffe, dass meine Worte in den Strom der Weisheit einfließen und künftig das Wesen Ente um ein Geringes verbessern können."

幸

glücklich

Laotse und das Vergessen

Als eines Tages ein Schüler eine große Weisheit vortrug, war Laotse begeistert und fragte nach, wer diesen klugen Satz wohl gesprochen hätte. Da lachten alle Schüler, und der eine, der zuvor die besagte Weisheit vorgetragen hatte, sagte: „Du selbst warst es, Meister, aber so weise du bist, so vergesslich scheinst du zu werden!" – „Schon möglich", entgegnete der Gelehrte, „aber wenn du einen wasserklaren Edelstein in einen Gebirgsbach wirfst, wer vermag ihn nachher zu finden? Meine alten Augen sind zu müde dazu, aber du, mein Schüler, hast sein Funkeln bemerkt. Und dein scharfer Blick, nicht dass ich selbst der Schöpfer dieser Winzigkeit bin, freut mich über alle Maßen."

水

Wasser

Laotse und die Größe

Als die Frage aufkam, weshalb so wenige große Männer im Reich der Morgensonne den Rat des Laotse suchten, antwortete dieser: „Vielleicht hindert sie ihre enorme Größe daran, durch die kleine Tür meines Hauses zu treten. Es mag auch sein, dass sie fürchten, meine Ratschläge könnten ihre Bedeutung in Frage stellen, weil sie ihr einen Maßstab anlegen.“ – „Aber du respektierst doch jedermann“, entgegnete jemand. „Wie könnte dein Rat ihnen schaden?“ – „Sie fürchten sich vor nichts weiter als einen Blick in den Spiegel. Sie selbst würden an ihrer Erhabenheit zweifeln.“

栄

Ehre

Laotse und der Fuchs

Als der Fuchs eine von Laotses Enten holte, jammerten und klagten Laotses Nachbarn oder griffen nach ihren Waffen, um den Fuchs zu verfolgen und augenblicklich zu bestrafen. „Haltet ein!“ rief Laotse und ergriff die Partei des Räubers. „Was ist sein Verbrechen? Er hat eine Ente getötet, wie es seine Art ist. Hatte nicht, so betrachtet, die Ente tausende Würmer und Schnecken auf ihrem Gewissen? Warum fällt ihr ein Urteil über ihn? Und erst ihr selbst: Wie viele Enten haben mit ihrem Leben für eure runden Bäuche gesorgt? Welche Strafe habt ihr verdient?“

智

Weisheit

Laotse und die Nacht

Eine Wache des Palastes, die Laotse in einer finsteren und mondlosen Nacht im Park des Palastes antraf, erkannte den großen Meister, grüßte ihn ehrfürchtig und fragte dann besorgt, ob ihm die Finsternis keine Angst mache. „Sogar deine Enten ziehen es vor, in so einer Nacht in ihrem Stall zu verweilen. Jemand könnte aus der Finsternis hervorstürzen und dir Gewalt antun." Laotse lächelte und erwiderte: „Meine Enten fürchten nicht die Dunkelheit, sondern den Fuchs. Da du aber diesen Park bewachst, muss ich weder die Finsternis noch menschliche Füchse fürchten."

和平

Frieden

Laotse als Gast an einer Tafel

Bei einem großen Festessen, zu dem er als Gast geladen war, verzichtete Laotse nicht nur auf den Gänsebraten, sondern auch auf den Wein, aß aber Gemüse und trank Wasser dazu. Eine etwas einfältige Dame am Tisch fand dies lächerlich und fragte ihn nach seinen Beweggründen. „Ich trinke keinen Wein, weil er meinen Willen schwächen könnte, jedes Lebewesen zu achten. Womöglich würde ich durch ihn wankelmütig und wäre versucht, vom Gänsebraten zu essen“, entgegnete Laotse. „Aber warum nimmst du Rücksicht auf so eine dumme, einfältige Gans? Es ist ihr einziger Zweck, gebraten zu werden.“ – „Richtig, sie hat ihren Platz im Kreislauf der Wiedergeburten“, stimmte ihr Laotse zu. „Und deshalb möchte ich es vermeiden, womöglich eine der Freundinnen deiner Mutter zu verspeisen."

荣

Ehre

Laotse und die Kunst

Gefragt, weshalb er sein Innerstes nicht durch künstlerische Arbeit auszudrücken trachte, schwieg Laotse lange Zeit und antwortete dann: „Warum sollte ich, unbedeutend, wie ich bin, Kunstwerke schaffen? Warum soll ich die Flutwelle der Ideen, Töne und Bilder um weitere anschwellen lassen, da doch die Zahl der Künstler jeden Tag wächst und es an Betrachtern mangelt? Indem ich schweige und meine Hände ruhen lasse und jenes betrachte, was sonst niemand zu sehen und zu hören verlangt, beglücke ich die Künstler mit der Gewissheit, einen Betrachter zu haben."

和

Harmonie

Laotse und der Ziellose

Zu Laotse kam eines Morgens ein reicher Mann, der alles hatte und nicht wusste, was er noch in seinem Leben erreichen sollte. Er war unglücklich, vertat seine Zeit mit allerlei nutzlosen Vergnügungen, wurde mit der Zeit dicker und dümmer und war nicht zufrieden darüber. „Ich brauche neue Ziele“, sagte der Mann, „irgend etwas, für das es zu arbeiten lohnt.“ - „Dann tausche mit deinem Gärtner“, schlug Laotse vor. „Er hat Jahre für dich geschuftet und wird sich freuen, seinen Rücken auf deinem weichen Lager auszuruhen. Dich aber wird die Sorge um deinen Garten von der Sorge um dich selbst ablenken.“

喜

Glück

Laotse und der bedeutende Mann

Eines Tages trat ein edel gekleideter Mann mit viel Gefolge zu Laotse, der im Garten arbeitete. Er lächelte auf herablassende Weise freundlich und bot ihm die linke Hand wie zum Kusse dar. Laotse nahm seine Rechte, begrüßte ihn wie einen alten Bekannten, setzte sich auf die steinerne Bank und bot ihm den Platz neben sich an. Doch der große Herr lehnte ab und fragte stattdessen mit ernster Miene: „Ich bin ein bedeutender Mann in diesem Land, der Großfürst dieser Region. Warum kniest du nicht vor mir? Warum bietest du mir keinen Wein an und schlachtest nicht diese fette Ente für mich? Warum erweist du mir nicht die Ehre, die mir gebührt?“ - „Was könnte ich mehr tun als dich wie einen Freund zu behandeln – und warum soll ich meine Freundin, die Ente, für dich töten?“

愛

Liebe

Was nach Laotse kommt

„Wer wird uns eines hoffentlich fernen Tage zur Weisheit führen, wenn du, Meister, nicht mehr sein wirst?“ fragten eines Tages die Schüler des Laotse. „Wer könnte uns wie du Einsicht und höhere Bewusstheit vermitteln?“ – Der Meister lächelte und sagte: „Auch ich weiß nicht, wer es sein wird. Vielleicht ist es einer aus diesem Zirkel. Es muss nicht einmal ein Mensch sein, vielleicht ist es der alte Karpfen aus meinem Teich, die Kröte aus dem Brunnen des Dorfes oder die Schar meiner Enten in ihrer kindlichen Klugheit. Ihr müsst nur genau genug hinsehen und darauf achten, dass ihr bei meinem Begräbnis nur mich und nicht versehentlich auch noch meine Gedanken begrabt. Dann wird sich alles finden.“

智

Weisheit